Mützen sind ein tolles Styling-Element, mit dem sich jedes Outfit aufpimpen lässt. Eine Mütze komplettiert die Garderobe und eignet sich gerade für Nähanfänger wunderbar, um das erste Nähprojekt zu starten.

Ebenso können Sie für Mützen wunderbar Reste verwenden, die von anderen Näharbeiten übrig geblieben sind. So ist noch ganz schnell ein passendes Accessoire für den Lieblingshoodie gemacht ... In diesem Buch finden Sie eine große Auswahl an Mützen für jedes Alter. Für Mädchen und Jungs, für Damen und Herren, für wärmere und kalte Tage sind tolle Modelle dabei.

Weitere Hilfestellungen und Informationen sowie eine große Auswahl an Stoffen gibt es auf unserer Seite https://zierstoff.com/de. Hilfreich sind auch unsere vielen Nähtutorials, die Sie auf unserem youtube-Kanal „Mein Zierstoff" finden.

Ich wünsche Ihnen viel Spaß beim Nähen!

Ilka Reis

In unserer TOPP Digitalen Bibliothek finden Sie nach erfolgreicher Registrierung alle Plotterdateien zu diesem Buch:
www.topp-kreativ.de/digibib
Den Freischaltcode finden Sie im Impressum.

Witzige Knotenmützen

schnell und einfach gemacht

GRÖSSE
Größe 35-45

MATERIAL
- farblich passendes Nähgarn

MÜTZE MIT EINEM KNOTEN
- gemusterter Jerseystoff, 40 cm x 80 cm

MÜTZE MIT ZWEI KNOTEN
- gemusterter Jerseystoff, 40 cm x 80 cm

SCHNITTMUSTERBOGEN 1A

ZUSCHNITT MÜTZE MIT EINEM KNOTEN
- 2x Schnittteil „Mütze mit einem Knoten“

MÜTZE MIT ZWEI KNOTEN
- 2x Schnittteil „Mütze mit zwei Knoten“

Mütze mit einem Knoten

1 Die beiden Mützenteile r-a-r aufeinanderlegen und von Seitennaht bis Seitennaht zusammennähen. Die Mütze auf die rechte Seite wenden und die Naht ausbügeln. Die Mütze anprobieren und bei Bedarf noch einmal abnähen.

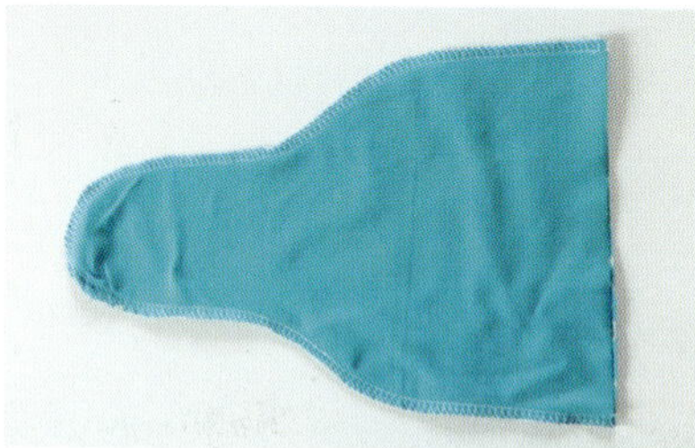

2 Den Saum 2 cm nach innen einschlagen und absteppen.

3 In den Zipfel der Mütze einen Knoten schlingen.

Mütze mit zwei Knoten

1 Genauso arbeiten wie die Mütze mit einem Knoten.

2 Den Saum 6 cm nach innen einschlagen und von rechts 5,5 cm breit absteppen.

3 Den Saumstreifen nach außen umschlagen und ausbügeln. Den Umschlag in der Seitennaht absteppen und damit fixieren.

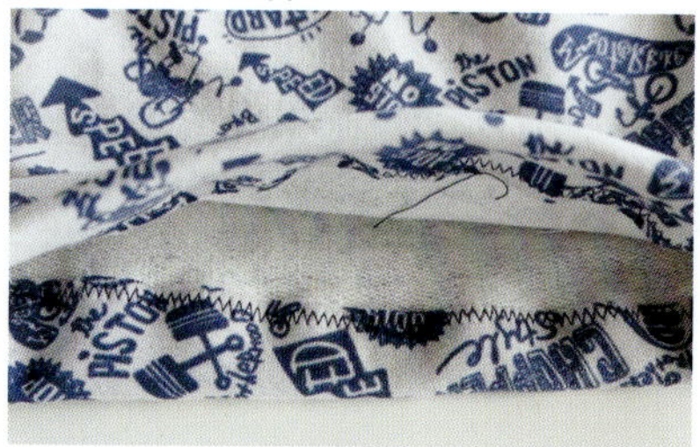

4 In jeden Zipfel der Mütze einen Knoten schlingen.

Mein Tipp für Sie

Knotenfrei Für eine Variante ohne Knoten die Zipfel der Mütze etwas kürzer zuschneiden und nach dem Nähen mit einem farbigen Band oder einer Kordel zusammenbinden.

Minimützen in Patchworkoptik

cool wie die Großen

1 Die beiden unteren Mützenteile entsprechend den Passzeichen r-a-r aufeinanderlegen und die Naht schließen, anschließend das untere Mützenteil r-a-r an das obere Mützenteil annähen.

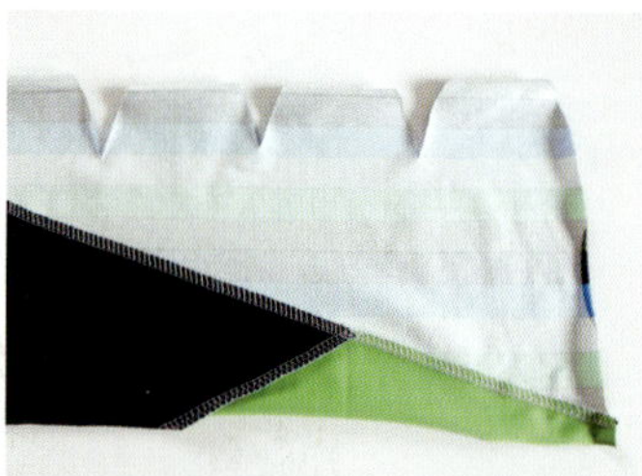

2 Die Mütze r-a-r zusammenlegen und die hintere Mittelnaht schließen. Danach die vordere Mitte schließen, dabei die Naht im Stoffbruch auslaufen lassen. Je sanfter die Rundung am Bruch ausläuft, desto schöner fällt nachher die Mütze.

3 Die Mütze r-a-r flach hinlegen, sodass die beiden Mittelnähte aufeinanderliegen. Die oberen Kanten der Mütze feststecken und zusammennähen, auch hier die Naht im Stoffbruch auslaufen lassen. Auf Wunsch das Nahtende mit einer Applikation verzieren (siehe Seite 40).

4 Zum Abschluss den Saum 2 cm nach innen einschlagen und absteppen.

Hinweis: **In der Schritt-für-Schritt-Anleitung sehen Sie ein Modell für Jungs, auf der Abbildung rechts haben wir die Mütze für ein Mädchen gearbeitet.**

GRÖSSE
Größe 35-45

MATERIAL
- 3 verschiedene Jerseystoffe mit und ohne Muster:
  Stoff A:
  15 cm x 30 cm
  Stoff B:
  20 cm x 30 cm
  Stoff C:
  35 cm x 45 cm
- farblich passendes Nähgarn

SCHNITT-MUSTER-BOGEN 1A

ZUSCHNITT
- 1x Schnittteil „Beanie unten links" aus Stoff A
- 1x Schnittteil „Beanie unten rechts" aus Stoff B
- 1x Schnittteil „Beanie Oberteil" aus Stoff C

Klassische Beanie mit Bündchen

variabel und vielseitig

Beanie ohne Paspel

1 Das Mützenoberteil r-a-r zur Hälfte zusammenlegen und die hintere Mitte schließen. Danach die vordere Mitte schließen, dabei die Naht im Stoffbruch auslaufen lassen. Je sanfter die Rundung am Bruch ausläuft, desto schöner fällt nachher die Mütze. Die Stoffkante gegenüber der hinteren Mittelnaht 2 mm einknipsen, sodass die vordere Mitte der Mütze markiert ist.

2 Die Mütze r-a-r flach hinlegen, sodass die beiden Mittelnähte aufeinanderliegen. Die oberen Kanten der Mütze feststecken und zusammennähen, auch hier die Naht im Stoffbruch auslaufen lassen. Damit ist das obere Mützenteil fertig.

3 Den Stoff für das Bündchen in Querrichtung r-a-r zusammenlegen und die kurze Seite schließen. Anschließend das Bündchen in Längsrichtung l-a-l hälftig zusammenlegen und einbügeln, sodass unten ein Bruch entsteht. Die Stoffkanten gegenüber der Naht 2 mm einknipsen.

4 Da sich jedes elastische Material anders verhält, ist es jetzt sinnvoll, das Bündchen anzuprobieren. Bei Bedarf noch einmal abnähen.

5 Das Bündchen r-a-r rundum auf das Mützenoberteil stecken, sodass die Stoffkanten aufeinanderliegen, und annähen. Die Nähte und die Knipse treffen entsprechend aufeinander. Das Bündchen beim Annähen dehnen und damit die Weite des Mützenoberteils gleichmäßig einhalten.

Mein Tipp für Sie

Ganz nach Wunsch Die Breite des Bündchens ist variabel und kann je nach Geschmack verändert werden. Das Gleiche gilt auch für die Länge der Mütze.

Weiter geht es auf S. 8

GRÖSSE
Größe 45-55/55-65

MATERIAL
- Jerseystoff, 30 cm x 70 cm
- Bündchenstoff, 15 cm x 35 cm
- farblich passendes Nähgarn

BEANIE MIT PASPEL
- kontrastfarbiger Jerseystoff, Rest

SCHNITT-MUSTER-BOGEN
2 A (Größe 55-65)
2 B (Größe 45-55)

ZUSCHNITT
- 1x Schnittteil „Oberteil“ im Stoffbruch aus Jersey
- 1x Schnittteil „Bündchen“ im Stoffbruch aus Bündchenstoff

BEANIE MIT PASPEL
- 1x Bändchen für die Paspel, 2,75 cm x 50 cm aus kontrastfarbigem Jersey

Varianten für Herren und Kids

Auch bei Kids und Herren sind Beanies sehr beliebt. Der Schnitt ist absolut flexibel und alleine durch die Stoffwahl entstehen immer wieder andere, ganz unterschiedliche Mützen, die zu jedem Stil passen.

Beanie mit Paspel

1 Den Jerseystreifen für das Paspelband in Längsrichtung l-a-l zur Hälfte zusammenlegen und einbügeln.

2 Das Paspelband r-a-r mit Geradstichen auf die Unterkante des oberen Mützenteils nähen, dabei liegt die Paspel mit den offenen Kanten zur Stoffkante hin (siehe Seite 44).

3 Das Bündchen in Längsrichtung l-a-l hälftig zusammenlegen und einbügeln, sodass unten ein Bruch entsteht. Das Bündchen auf die Unterkante des oberen Mützenteils nähen. Dazu die Stofflagen so in die Maschine einlegen, dass die erste Naht oben liegt, und in der Nahtlinie noch einmal durchnähen. Das Bündchen beim Annähen dehnen und damit die Weite

des Mützenoberteils gleichmäßig einhalten.

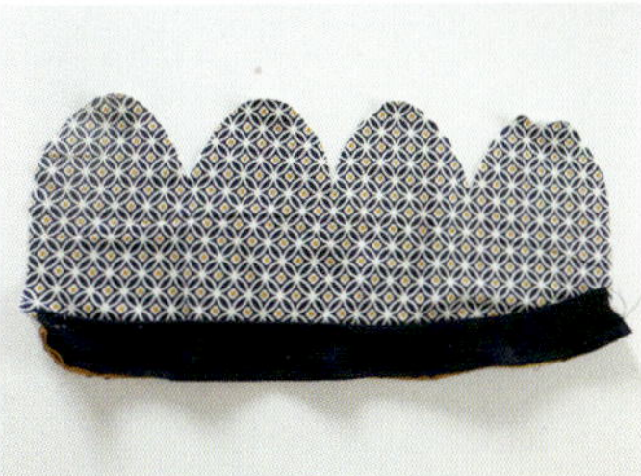

4 Nun erst die gesamte Mütze r-a-r zusammenlegen und die hintere Mitte schließen, danach die vordere Mitte schließen. Die Naht im Bruch auslaufen lassen, die Paspelstreifen treffen aufeinander.

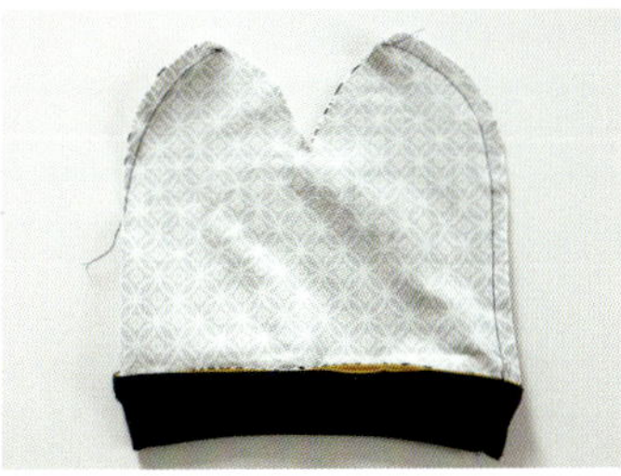

5 Die Mütze r-a-r flach hinlegen, sodass die beiden Mittelnähte aufeinanderliegen. Die oberen Kanten der Mütze feststecken und zusammennähen, auch hier die Naht im Stoffbruch auslaufen lassen. Die Mütze auf rechts wenden.

Einfache Beanie

der Klassiker für alle

GRÖSSE
Größe 45-55/55-65

MATERIAL
- Jerseystoff, 30 cm x 50 cm
- farblich passendes Nähgarn

SCHNITT-MUSTER-BOGEN
1 A (Größe 45-55)
2 B (Größe 55-65)

ZUSCHNITT
- 1x Schnittteil „Beanie" im Stoffbruch

1 Das zugeschnittene Mützenteil r-a-r zur Hälfte zusammenlegen und die hintere Mitte schließen. Danach die vordere Mitte schließen, dabei die Naht im Stoffbruch auslaufen lassen. Je sanfter die Rundung am Bruch ausläuft, desto schöner fällt nachher die Mütze.

2 Die Mütze r-a-r flach hinlegen, sodass die beiden Mittelnähte aufeinanderliegen. Die oberen Kanten der Mütze feststecken und zusammennähen, auch hier die Naht im Stoffbruch auslaufen lassen.

3 Den Saum 2 cm nach innen einschlagen und absteppen.

4 Zur Verzierung ein Label von Hand oder mit der Maschine aufnähen.

Hinweis: **Auf Seite 1 sehen Sie zwei einfache Beanies für Kinder – einmal mit einer Blume, einmal mit einem Plottermotiv (siehe Seite 46) verziert.**

Handmade
with love

Mädchenbeanie mit Schleife

frech und niedlich

GRÖSSE
Größe 45-55

MATERIAL
- 2 verschiedene Jerseystoffe mit Muster:
  Stoff A:
  35 cm x 70 cm
  Stoff B:
  16 cm x 65 cm
- farblich passendes Nähgarn

SCHNITT-MUSTER-BOGEN 2B

ZUSCHNITT
- 1x Schnittteil „Oberteil“ im Stoffbruch aus Stoff A
- 1x Schnittteil „Bündchen“ im Stoffbruch aus Stoff B
- 1x Schnittteil „Schleife“ aus Stoff B
- 1x Schnittteil „Schleifenband“ aus Stoff B
- 1x Schnittteil „Obere Schlaufe“, aus Stoff B

Hinweis: Der Grundaufbau der Mütze entspricht einer klassischen Beanie mit Bündchen (siehe Seite 6), als Modell für Kinder erhält sie jedoch einige Verzierungen.

1 Das Mützenoberteil r-a-r zur Hälfte zusammenlegen und die hintere Mitte schließen. Danach die vordere Mitte schließen, dabei die Naht im Stoffbruch auslaufen lassen. Je sanfter die Rundung am Bruch ausläuft, desto schöner fällt nachher die Mütze. Die Stoffkante gegenüber der hinteren Mittelnaht 2 mm einknipsen, sodass die vordere Mitte der Mütze markiert ist.

2 Den Jerseystreifen für die hintere Schlaufe zuerst in Längsrichtung l-a-l zur Hälfte falten und bügeln. Wieder auseinanderfalten, dann die langen Seitenkanten zur Mittellinie einbügeln. Den Streifen zusammenklappen und knappkantig absteppen.

3 Die Mütze r-a-r flach hinlegen, sodass die beiden Mittelnähte aufeinanderliegen. Den Jerseystreifen zwischen den Stoffschichten an der Nahtlinie einlegen, dann hälftig zu einer Schlaufe umschlagen und fixieren. Nun die oberen Kanten der Mütze feststecken und zusammennähen, auch hier die Naht im Stoffbruch auslaufen lassen.

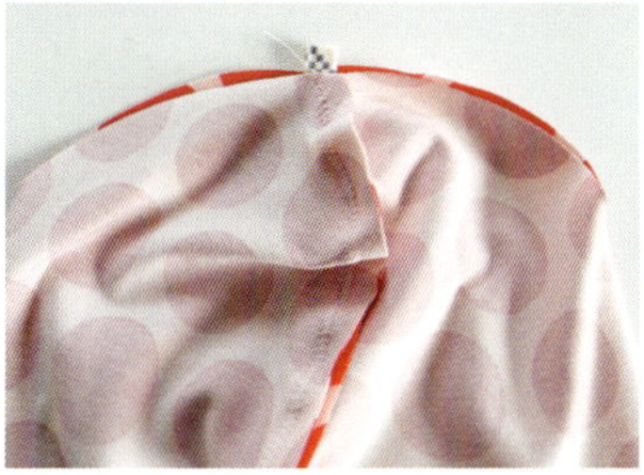

4 Den Stoff für das Bündchen in Querrichtung r-a-r zusammenlegen und die kurze Seite schließen. Anschließend das Bündchen in Längsrichtung l-a-l hälftig zusammenlegen und einbügeln, sodass unten ein Bruch entsteht. Die Stoffkanten gegenüber der Naht 2 mm einknipsen.

5 Das Bündchen r-a-r rundum auf das Mützenoberteil stecken, sodass die Stoffkanten aufeinanderliegen, und annähen. Die Nähte und die Knipse treffen entsprechend aufeinander. Beim Annähen das Bündchen dehnen, sodass am Oberteil eine Kräuselung entsteht.

6 Das Rechteck für die Schleife in Querrichtung r-a-r zur Hälfte legen und zusammennähen, dabei eine Wendeöffnung lassen. Die NZG an den Ecken zurückschneiden und die Schleife auf die rechte Seite wenden. Sauber ausbügeln und rundherum absteppen.

7 Den Streifen für das Schleifenband wie in Schritt 2 beschrieben einbügeln und absteppen. Das Rechteck in der Mitte so zusammenraffen, dass eine Schleife entsteht. Das Band wie abgebildet darumlegen und auf der Rückseite zusammensteppen. Die Enden kurz abschneiden und die Schleife von Hand auf die Mütze nähen.

Wendebeanie

mit Stoffen spielen

GRÖSSE
Größe 45-55/55-65

MATERIAL
- 2 verschiedene Jerseystoffe mit und ohne Muster, jeweils 30 cm x 50 cm
- farblich passendes Nähgarn

SCHNITTMUSTERBOGEN
1 A (Größe 45-55)
2 B (Größe 55-65)

ZUSCHNITT
- je 1x Schnittteil „Beanie“ im Stoffbruch aus Außen- und Innenstoff

1 Außenmütze und Innenmütze jeweils separat nähen wie eine einfache Beanie (siehe Seite 10, Schritte 1 und 2), dabei in der hinteren Mittelnaht der Innenmütze eine Wendeöffnung lassen.

2 Beide Mützenteile r-a-r ineinanderstecken und anprobieren, bei Bedarf noch einmal abnähen. Erst danach die Saumkanten zusammennähen.

3 Die Mütze durch die Wendeöffnung auf rechts wenden und die Innenmütze in die Außenmütze stecken. Anschließend die Öffnung per Hand mit Leiterstichen oder Überwendlingsstichen schließen.

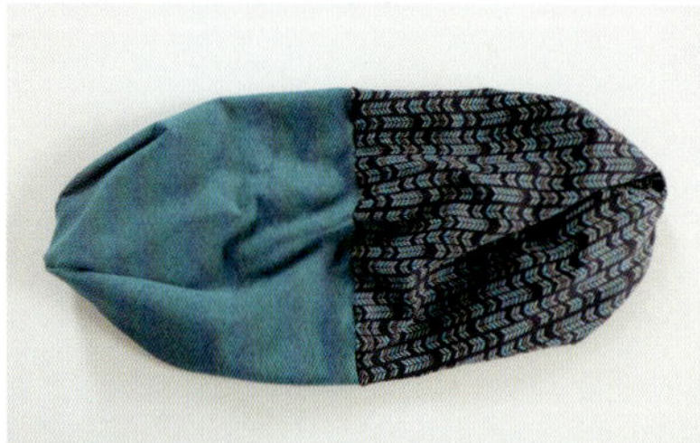

4 Die Saumkante von rechts rundherum absteppen.

Mein Tipp für Sie

Dekorativer Rand Beim Absteppen einen schmalen Rand der Innenmütze herausschauen lassen, dann sieht es wie eine Paspel aus.

Hinweis: Die Mädchenbeanie finden Sie auf Seite 12.

Einfache Schlupfmütze

schnell übergezogen

GRÖSSE
Größe 45-55

MATERIAL

- Jerseystoff mit Muster, 45 cm x 70 cm (Stoff A)
- einfarbiger Jerseystoff, 5 cm x 55 cm (Stoff B)
- farblich passendes Nähgarn

SCHNITT-MUSTER-BOGEN 1B

ZUSCHNITT

- 2x Schnittteil „Mütze" gegengleich aus Stoff A
- 1x Schnittteil „Streifen" im Stoffbruch aus Stoff B

1 Die beiden Mützenteile r-a-r aufeinanderlegen. Die hintere Mitte schließen, die vordere Mittelnaht ab dem Knips ebenfalls schließen.

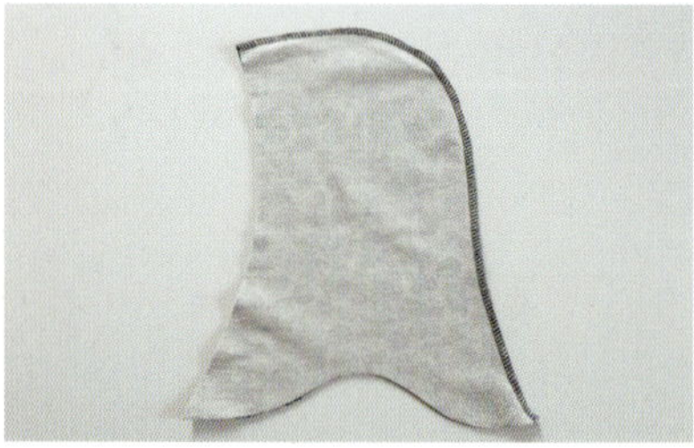

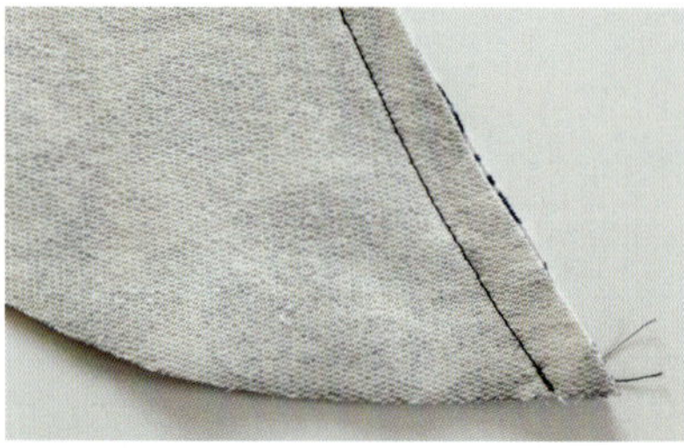

2 Den Streifen in Längsrichtung l-a-l hälftig zusammenfalten und einbügeln. Wieder auseinanderfalten, in Querrichtung r-a-r zusammenlegen und die kurze Seite schließen. Den Streifen so umklappen, dass die rechten Seiten außen liegen.

3 Den Streifen r-a-r an die Mütze nähen, die Naht des Streifens trifft dabei auf die Naht der vorderen Mitte. Den Streifen ausbügeln und die NZG rundherum absteppen.

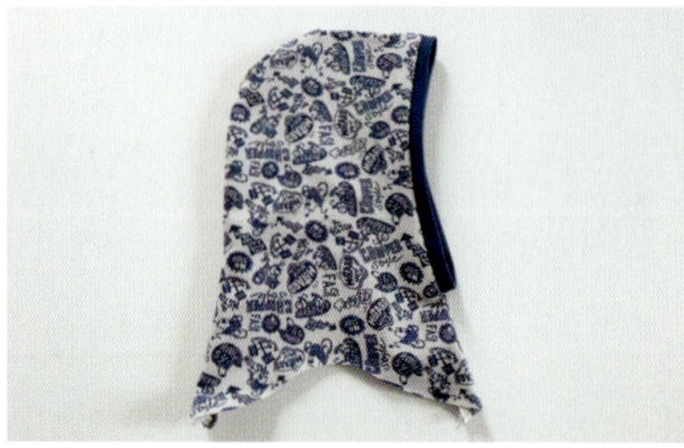

4 Den Saum der Mütze mit Zickzackstichen versäubern oder mit Schrägband einfassen.

Wendeschlupfmütze

hält mollig warm

GRÖSSE
Größe 45-55

MATERIAL
- Jerseystoff mit Muster, 45 cm x 70 cm (Stoff A)
- einfarbiger Jerseystoff, 45 cm x 70 cm (Stoff B)
- einfarbiger Jerseystoff, 5 cm x 55 cm (Stoff C)
- farblich passendes Nähgarn
- ggf. Schrägband, nn cm lang

SCHNITTMUSTERBOGEN 1 B

ZUSCHNITT
- je 2x Schnittteil „Mütze" gegengleich aus Stoff A und Stoff B
- 1x Schnittteil „Streifen" im Stoffbruch aus Stoff C

1 Außenmütze und Innenmütze jeweils separat nähen. Dazu die beiden Mützenteile r-a-r aufeinanderlegen und die hintere Mittelnaht schließen.

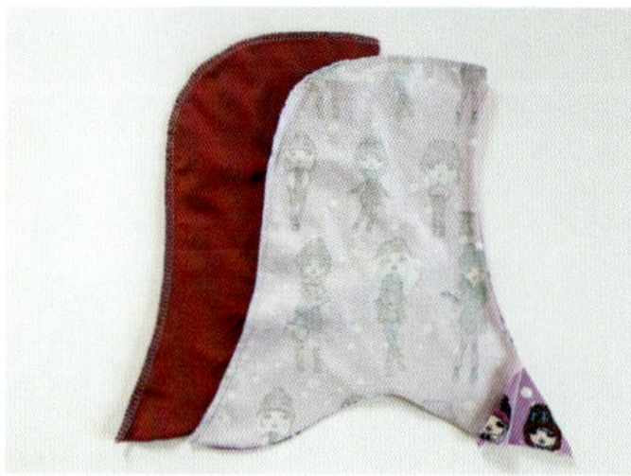

2 Den Streifen in Längsrichtung l-a-l hälftig zusammenfalten und einbügeln. Anschließend eine Längsseite des Streifens r-a-r an eines der beiden Mützenteile nähen. Der Streifen ist am Anfang und am Ende 1 cm länger als die im Schnitt eingezeichneten Knipse, dadurch stehen die Streifenenden jeweils 1 cm über.

3 Das zweite Mützenteil r-a-r an die gegenüberliegende Längsseite des Streifens annähen. Der Streifen ist nun sauber dazwischen gefasst. Die NZG am Knips bis zur Naht einknipsen.

Weiter geht es auf S. 20

4 Die Mütze wenden, sodass die rechten Seiten innen liegen. Nun wird vom Saum bis zum Knips, von dort quer auf die andere Seite des Streifens zum gegenüberliegenden Knips und wieder bis zum Saum genäht. Die Mütze wieder wenden. Die vordere Seite der Mütze ist dadurch versäubert.

5 Die Innenmütze in die Außenmütze stecken. Von der linken Stoffseite die beiden NZG des Streifens zusammennähen. Die Vorderkante ist damit versäubert.

6 Für den Saum gibt es mehrere Varianten:
Die beiden Mützenteile links auf links aufeinander legen und den Saum mit Zickzackstichen oder mit der Overlockmaschine rundherum absteppen.
Mit Schrägband rundherum einfassen.
Die Saumkante verstürzen (siehe Seite 36, Schritt 5 und 6).

Fliegermütze mit Schild

cool und gemütlich

GRÖSSE
Größe 45-55

MATERIAL

- Babycord mit Muster, 45 cm x 140 cm (Stoff A)
- einfarbiger Fleecestoff, 45 cm x 140 cm (Stoff B)
- Vlieseline H 630, 17 cm x 20 cm
- Klettband, 2 cm breit, 3 cm lang
- passendes Nähgarn

SCHNITTMUSTERBOGEN 1 B

ZUSCHNITT

- je 2x Schnittteil „Seitenteil“ gegengleich aus Stoff A und Stoff B
- je 1x Schnittteil „Mittelstreifen“ aus Stoff A und Stoff B
- je 1x Schnittteil „Schild“ im Stoffbruch aus Stoff A, Stoff B und Vlieseline
- je 1x Schnittteil „Kinnband“ aus Stoff A und Vlieseline

Hinweis: Diese Mütze wird komplett mit Geradstichen genäht, da später wenig Spannung auf die Nähte kommt.

1 Auf die linke Stoffseite eines Schildzuschnitts eine Einlage bügeln. Die beiden Stoffteile für den Mützenschild r-a-r aufeinanderlegen und die runde Kante zusammennähen. Die NZG zurückschneiden und den Schild auf rechts wenden. Die runde Kante von rechts knappkantig absteppen.

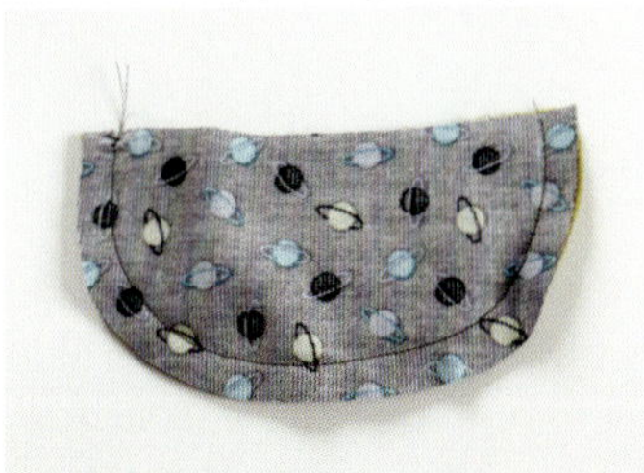

2 Den Abnäher in beide Seitenteile aus Außenstoff und Innenstoff einnähen und sauber ausbügeln.

3 Bei der Außenmütze und Innenmütze jeweils den Mittelstreifen r-a-r an die Seitenteile nähen, der Knips trifft dabei auf den Abnäher. Da eine gerade Strecke an eine runde Strecke angenäht wird, muss etwas Weite eingehalten werden. Daher vor dem Nähen alles gut feststecken und bei stabilen Stoffen optional die NZG an der geraden Strecke 2 mm weit einzwicken. Dadurch legt sie sich besser in die Rundung. Die NZG der Seitenteile in Richtung Mittelstreifen bügeln und von rechts knappkantig absteppen.

4 Gemäß der Markierung auf dem Schnitt eine Seite des Klettbandes am linken Seitenteil der Außenmütze auf die rechte Stoffseite nähen.

5 Nun den Schild mittig r-a-r auf die Vorderkante der Außenmütze stecken und knappkantig aufnähen.

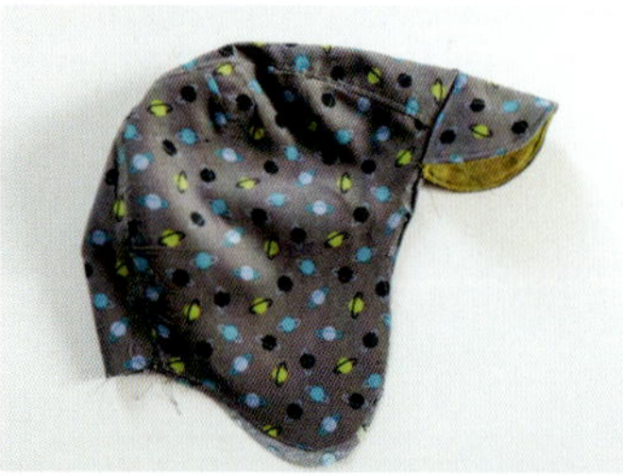

6 Die Vlieseline auf die linke Stoffseite des Kinnbandes aufbügeln. Das Kinnband in Längsrichtung hälftig r-a-r zusammenlegen an der langen und an einer kurzen Seite zusammennähen. Die NZG zurückschneiden und das Band auf die rechte Seite wenden, anschließend sauber ausbügeln. Die Gegenseite des Klettbandes auf das vordere, versäuberte Ende des Kinnbandes aufnähen. Den Streifen so auf die Außenmütze legen, dass der Klettverschluss wie abgebildet nach oben zeigt. Den Streifen mittig an der unteren Rundung des Seitenteils feststecken, dafür sind im Schnitt Knipse eingezeichnet.

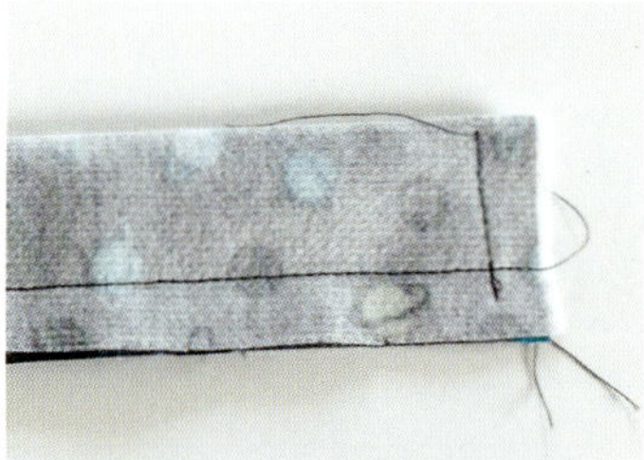

7 Außenmütze und Innenmütze r-a-r ineinanderziehen, feststecken und rundherum zusammennähen, dabei an der hinteren Mitte eine Wendeöffnung lassen. Die Mütze durch die Öffnung auf rechts wenden und die Naht sauber ausbügeln. Die Wendeöffnung per Hand mit Leiterstichen oder Überwendlingsstichen schließen.

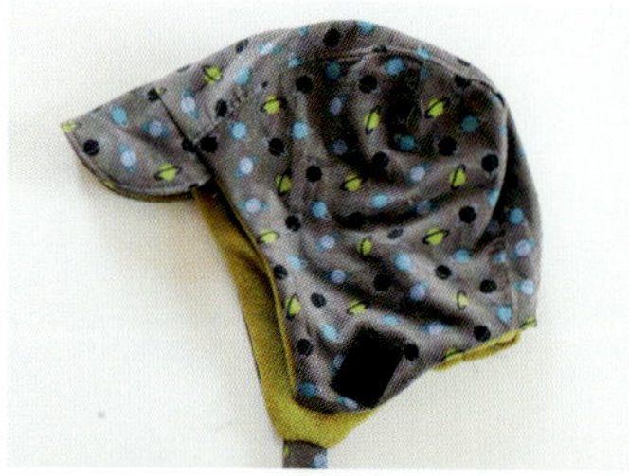

Mein Tipp für Sie

Klare Linien Zur dekorativen Betonung der Kanten ein Paspelband zwischen dem Mittelstreifen und den Seitenteilen der Außenmütze mit einnähen. Da die Mütze nicht elastisch ist, kann hierfür auch ein festes Paspelband verwendet werden.

Wintermützen

kann man nie genug haben

1 Das Oberteil der Mütze wird wie eine einfache Beanie (siehe Seite 10) gearbeitet. Dazu das zugeschnittene obere Mützenteil r-a-r zur Hälfte zusammenlegen und die hintere Mitte schließen. Danach die vordere Mitte schließen, dabei die Naht im Stoffbruch auslaufen lassen. Je sanfter die Rundung am Bruch ausläuft, desto schöner fällt nachher die Mütze. Die Stoffkante gegenüber der hinteren Mittelnaht 2 mm einknipsen, sodass die vordere Mitte der Mütze markiert ist.

2 Die Mütze r-a-r flach hinlegen, sodass die beiden Mittelnähte aufeinanderliegen. Die oberen Kanten der Mütze feststecken und zusammennähen, auch hier die Naht im Stoffbruch auslaufen lassen.

3 Jedes untere Mützenteil r-a-r zusammenlegen und die hintere Mitte schließen. Das äußere und das innere untere Mützenteil r-a-r ineinanderziehen und beide an der unteren gebogenen Kante zusammennähen, dabei treffen die hinteren Mittelnähte aufeinander. Optional kann hierbei ein Band oder eine gekaufte Kordel am unteren Ende der Ohrenklappen mit eingelegt werden.

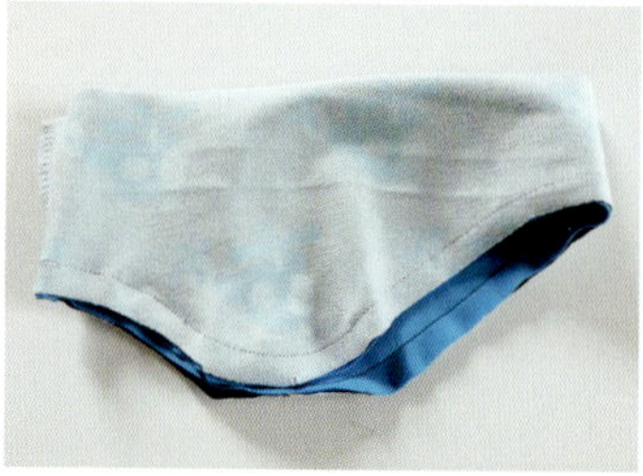

4 Das zusammengenähte untere Mützenteil auf rechts wenden und die versäuberte Nahtkante gut ausbügeln. Auf Wunsch kann diese Kante jetzt oder später noch abgesteppt werden.

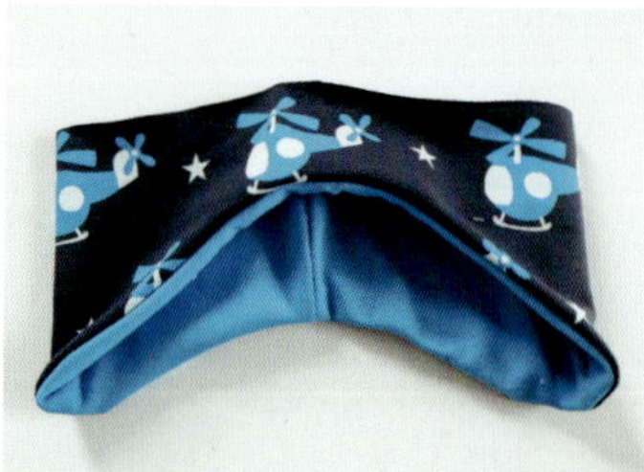

5 Oberes und unteres Mützenteil r-a-r ineinanderstecken und zusammennähen, die hinteren Mittelnähte treffen dabei aufeinander. Das Unterteil nach unten klappen und die Naht sauber ausbügeln.

Hinweis: **In den Arbeitsschritten sehen Sie eine leichte Jerseymütze. Auf dem Foto rechts zeigen wir Ihnen eine gesteppte Variante mit Bommeln (siehe Seite 42).**

GRÖSSE
Größe 45-55

MATERIAL
- 2 verschiedene Jerseystoffe mit und ohne Muster oder gesteppter Sweatshirtstoff: für das obere Mützenteil: 20 cm x 60 cm für das untere Mützenteil: 20 cm x 120 cm
- farblich passendes Nähgarn
- Verzierungen nach Wunsch

SCHNITT-MUSTER-BOGEN 1B

ZUSCHNITT
- 1x Schnittteil „Oberes Mützenteil" im Stoffbruch
- 2x Schnittteil „Unteres Mützenteil" im Stoffbruch

Zum Wenden

doppelt schön

GRÖSSE
Größe 45-55

MATERIAL
- 2 verschiedene Jerseystoffe mit und ohne Muster: für das obere Mützenteil: 2x 20 cm x 120 cm für das untere Mützenteil: 2x 20 cm x 120 cm
- farblich passendes Nähgarn

SCHNITT-MUSTER-BOGEN 1B

ZUSCHNITT
- 2x Schnittteil „Oberes Mützenteil" im Stoffbruch
- 2x Schnittteil „Unteres Mützenteil" im Stoffbruch

1 Das obere Mützenteil von Außenmütze und Innenmütze nähen wie eine einfache Wintermütze (siehe Seite 24, Schritte 1 und 2).

2 Jedes untere Mützenteil r-a-r zusammenlegen und die hintere Mitte schließen. Jeweils ein oberes und ein unteres Mützenteil r-a-r ineinanderstecken und zusammennähen, dabei in der Naht der Innenmütze eine Wendeöffnung lassen. Die hinteren Mittelnähte treffen aufeinander. Das Unterteil nach unten klappen und die Naht sauber ausbügeln.

3 Außenmütze und Innenmütze r-a-r ineinanderziehen und beide an der unteren gebogenen Kante zusammennähen, dabei treffen die hinteren Mittelnähte aufeinander.

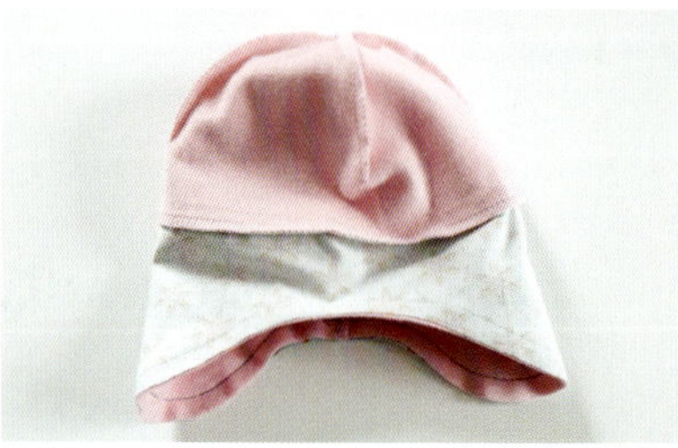

4 Die Mütze durch die Öffnung auf rechts wenden. Die Innenmütze in die Außenmütze stecken und die versäuberte Nahtkante gut ausbügeln. Auf Wunsch die Unterkante noch einmal von rechts absteppen.

5 Zum Abschluss die Wendeöffnung per Hand mit Leiterstichen oder Überwendlingsstichen schließen.

Mein Tipp für Sie

Mehr Farbe im Spiel Mit schmalen bunten Fleece-Streifen (siehe Seite 41) oder einer Applikation (siehe Seite 40) lässt sich die Mütze zusätzlich aufpeppen.

Schirmmütze

beliebter Klassiker

GRÖSSE
Größe 45-55

MATERIAL
- gesteppter Sweatshirtstoff, 25 cm x 140 cm (Stoff A)
- Sweatshirtstoff, 25 cm x 140 cm (Stoff B)
- Bündchenstoff, 15 cm x 40 cm (Stoff C)
- Vlieseline H 630, 15 cm x 20 cm
- farblich passendes Nähgarn
- etwas Füllwatte

SCHNITTMUSTERBOGEN 1 B

ZUSCHNITT
- je 6x Schnittteil „Hut" aus Stoff A und Stoff B
- 1x Schnittteil „Nackenstreifen" im Stoffbruch aus Stoff C
- 2x Schnittteil „Schirm" im Stoffbruch aus Stoff B
- 1x Schnittteil „Schirm" im Stoffbruch aus Vlieseline
- 1x Kreis für Knopf aus Stoff B, ø 8 cm

Hinweis: Diese Mütze wird komplett mit Geradstichen genäht, da später wenig Spannung auf die Nähte kommt.

1 Auf die linke Stoffseite eines Schirmteils eine Einlage bügeln. Die beiden Schirmteile r-a-r aufeinanderlegen und die runde Kante zusammennähen. Die NZG zurückschneiden und den Schirm auf rechts wenden. Nach Wunsch die innere Rundung von rechts knappkantig absteppen.

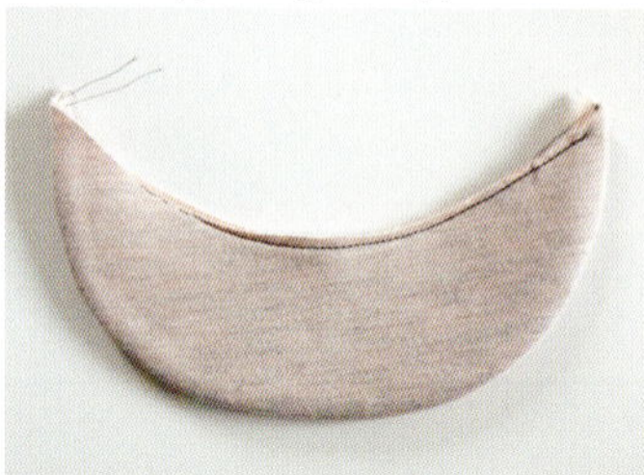

2 Außenhut und Innenhut jeweils separat nähen. Dazu je 2 Hutteile r-a-r an einer Kante zusammennähen. So ergeben sich jeweils 3 kombinierte Teile für innen und außen. In einem kombinierten Teil des Innenhutes eine Wendeöffnung lassen. Die NZG des Außenhutes jeweils zu einer Seite hin bügeln und von rechts knappkantig absteppen. Beim Innenhut ist das nicht notwendig.

3 Anschließend die kombinierten Teile aneinandernähen. Am oberen Ende des Hutes treffen alle Nähte aufeinander. Alle Nähte von Außen- und Innenhut sauber ausbügeln und beim Außenhut knappkantig von rechts absteppen.

4 Den Nackenstreifen in Längsrichtung hälftig l-a-l legen und einbügeln, dabei entsteht unten ein Stoffbruch.

5 Zuerst den Schirm knappkantig r-a-r auf die Unterkante des Außenhutes nähen. Dabei trifft die Mitte des Schirmes auf eine Naht. Anschließend den Nackenstreifen r-a-r annähen. Alle offenen Kanten treffen aufeinander. Die Enden des Nackenstreifens überlappen den Schirm dabei etwas.

6 Den Innenhut r-a-r auf den Außenhut stecken, dabei soll die Wendeöffnung auf die hintere Mitte treffen. Am Saum rundherum annähen, die NZG zurückschneiden.

Weiter geht es auf S. 30

7 Die Mütze durch die Wendeöffnung auf die rechte Seite wenden und die Innenmütze in die Außenmütze stecken. Die Naht sauber ausbügeln und von rechts knappkantig absteppen.

Mein Tipp für Sie

Optimale Passform Am besten vorher durch eine Anprobe testen, ob die Naht am Rand des Hutes elastisch bleiben muss. Dann nicht mit Geradstichen, sondern mit Zickzackstichen absteppen.

8 Den Kreis für den oberen Knopf rundherum mit Geradstichen in maximaler Stichlänge abnähen, dabei Anfang und Ende nicht verriegeln und die Fadenenden etwas länger lassen. Am Unterfaden vorsichtig ziehen, sodass sich der Rand einkräuselt. Mit Füllwatte nicht zu prall stopfen. Danach den Faden ganz zusammenziehen, sodass eine knopfähnliche Form entsteht, und mit ein paar Handstichen fixieren.

9 Den Knopf am oberen Ende der Mütze annähen.

Mein Tipp für Sie

Leichtere Variante Die Schirmmütze kann auch ohne Futter, d. h. Innenhut genäht werden. Da die Nahtzugaben dann sichtbar sind, diese mit einer Overlockmaschine oder einem Versäuberungsstich umsäumen.

Hinweis: In der Arbeitsschrittanleitung sehen Sie eine Mütze für Mädchen, auf dem Foto rechts das Modell für Jungs mit Streifenbüschel (siehe Seite 41).

Schalmütze

stylishes Statement

GRÖSSE
Größe 55-65

MATERIAL
- Sweatshirtstoff mit Muster, 105 cm x 140 cm (Stoff A)
- einfarbiger Jerseystoff, 105 cm x 140 cm (Stoff B)
- farblich passendes Nähgarn

SCHNITTMUSTERBOGEN 1A, 2A+2B

ZUSCHNITT
- je 2x Schnittteil „Mütze“ gegengleich aus Stoff A und Stoff B
- je 2x Schnittteil „Schal“ gegengleich aus Stoff A und Stoff B

1 Außenmütze und Innenmütze jeweils separat nähen. Dazu jeweils die beiden Mützenteile r-a-r aufeinanderlegen und die hintere Mittelnaht schließen.

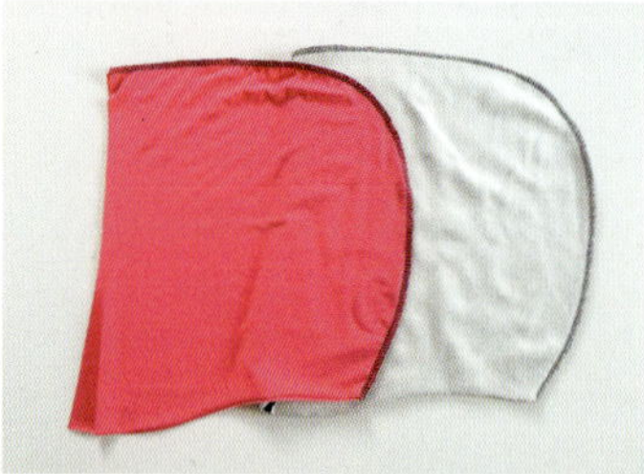

2 Danach den Abnäher oder eine Kellerfalte einarbeiten, dazu an den Knipsen orientieren.

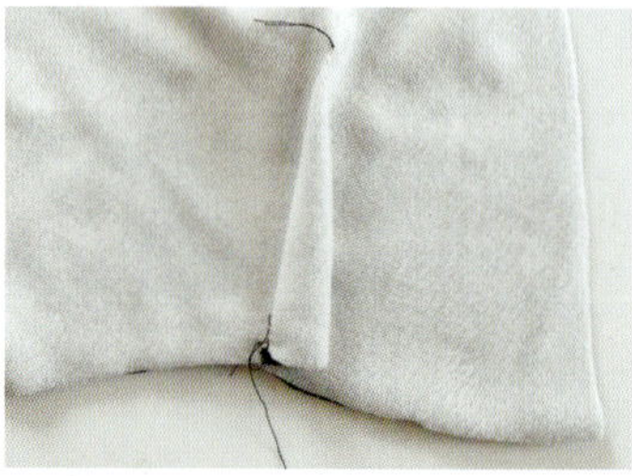

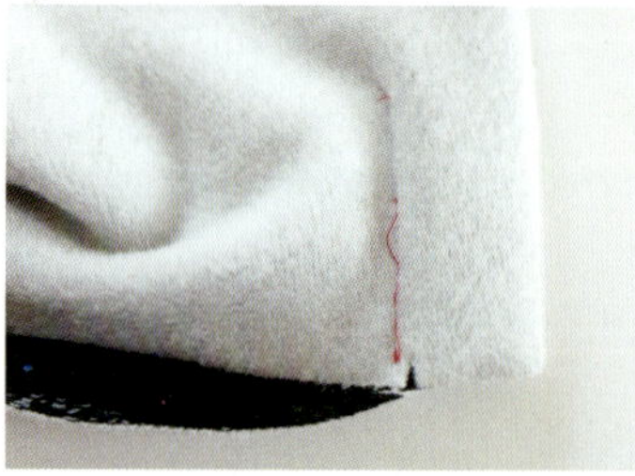

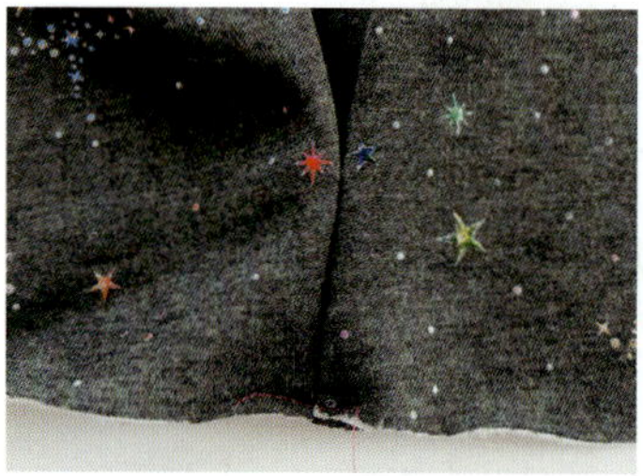

3 Außenmütze und Innenmütze r-a-r an der Vorderkante zusammennähen. Die Naht sauber ausbügeln und die Innenmütze in die Außenmütze stecken. Die Vorderkante mit ca. 1,5 cm Abstand zur Stoffkante von rechts absteppen. Bei rutschigen Stoffen die beiden Mützen zusätzlich am Saum l-a-l knappkantig zusammensteppen.

Weiter geht es auf S. 34

4 Die beiden Schalteile von Außenmütze und Innenmütze jeweils r-a-r an der hinteren Mitte zusammennähen. Zuerst ein Schalteil auf der passenden Seite r-a-r an das Mützenteil annähen, die beiden hinteren Mittelnähte treffen dabei aufeinander.

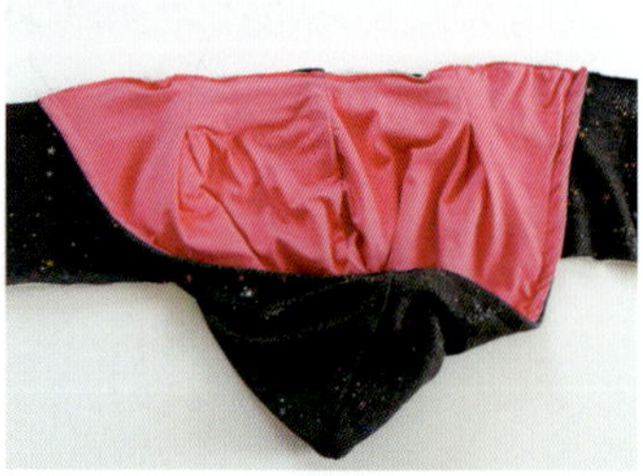

5 Anschließend das Gegenstück r-a-r aufstecken, das Mützenteil liegt hierbei innen zwischen den beiden Schalteilen. Rundherum r-a-r zusammennähen, dabei eine Wendeöffnung lassen.

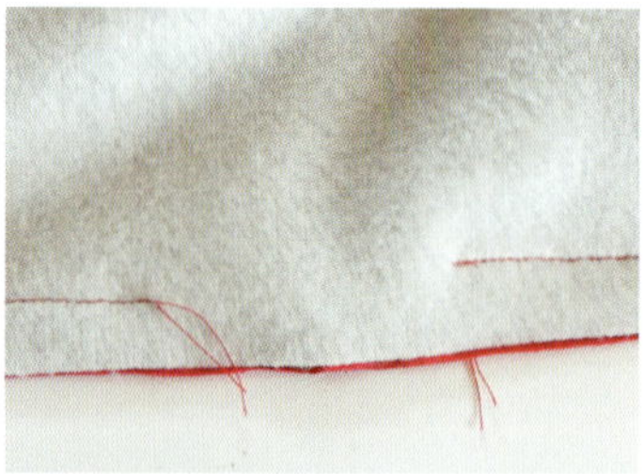

6 Die NZG an den Ecken des Schals zurückschneiden, auf Wunsch auch die übrigen NZG. Die Schalmütze durch die Öffnung auf die rechte Seite wenden und alles sauber ausbügeln. Zum Abschluss die Öffnung per Hand mit Leiter- oder Überwendlingsstichen schließen.

Mein Tipp für Sie

Männersache Für ein Herrenmodell einfach Stoffe in anderen Farben oder mit Strukturierung verwenden.

Kapuzenmütze

wärmt Kopf und Hals

GRÖSSE
Größe 55-65

MATERIAL
- 2 verschiedene Jerseystoffe mit und ohne Muster, jeweils 70 cm x 80 cm
- farblich passendes Nähgarn
- 2 Ösen, ø 8 mm
- Kordelband, ø 6 mm, 100 cm lang

SCHNITTMUSTERBOGEN
1 A + 2 A

ZUSCHNITT
- je 1x Schnittteil „Mütze“ im Stoffbruch aus Stoff A und Stoff B

Hinweis: Diese Mütze kann mit Geradstichen genäht werden, da später wenig Spannung auf die Nähte kommt.

1 Außenmütze und Innenmütze jeweils separat nähen. Dazu jeweils das Mützenteil r-a-r zusammenlegen und die hintere Mittelnaht schließen, dabei in der Naht der Innenmütze eine Wendeöffnung lassen.

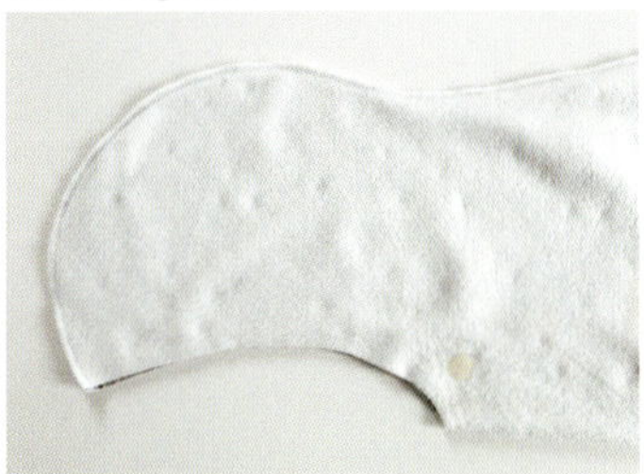

2 Die Ösen laut Herstelleranleitung in die Außenmütze einarbeiten. Die Position ist im Schnitt gekennzeichnet.

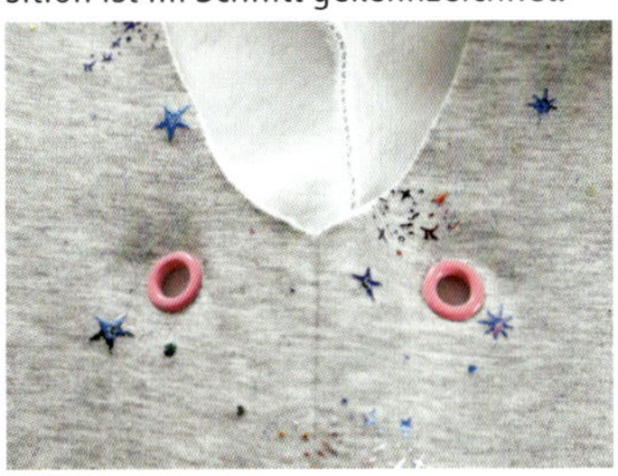

3 Außenmütze und Innenmütze an der Vorderkante r-a-r zusammennähen. Die Naht sauber ausbügeln und die Innenmütze in die Außenmütze stecken. Alles gut feststecken und den vorderen Mützenrand mit 3,5 cm Abstand zur Kante absteppen, sodass ein Tunnel entsteht.

Weiter geht es auf S. 36

4 Mithilfe einer Sicherheitsnadel die Kordel durch den Tunnelzug fädeln. Jedes Kordelende verknoten, sodass die Kordel nicht aus dem Tunnel rutschen kann.

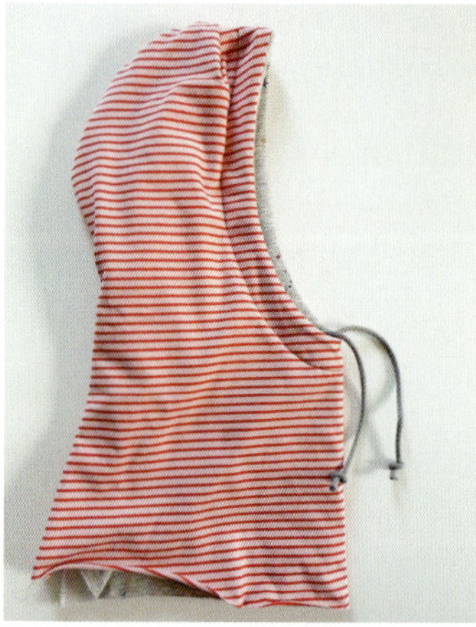

5 Die Mütze mit der rechten Stoffseite der Innenmütze wie abgebildet hinlegen. Es ist wichtig, dass die rechte Stoffseite nach außen zeigt, sonst funktioniert das System des Verstürzens nicht. Mit der Hand durch die Wendeöffnung zwischen die zwei Stofflagen greifen und die beiden Stofflagen auf rechts drehen (siehe Pfeil). Diesen Punkt feststecken und am besten nicht mehr loslassen. Die zwei Stofflagen durch die Wendeöffnung zurückziehen und den Saum in einem Nähdurchgang zusammennähen. Es entsteht ein Schlauch. Zur besseren Darstellung ist eine Schere hineingelegt.

6 Nun die Mütze durch die Wendeöffnung wieder zurück auf die rechte Seite ziehen und den Saum ausbügeln. Die Öffnung mit der Maschine oder per Hand mit Leiterstichen bzw. Überwendlingsstichen schließen.

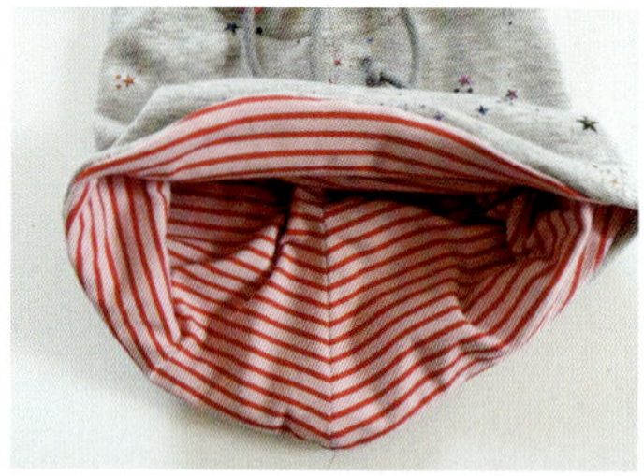

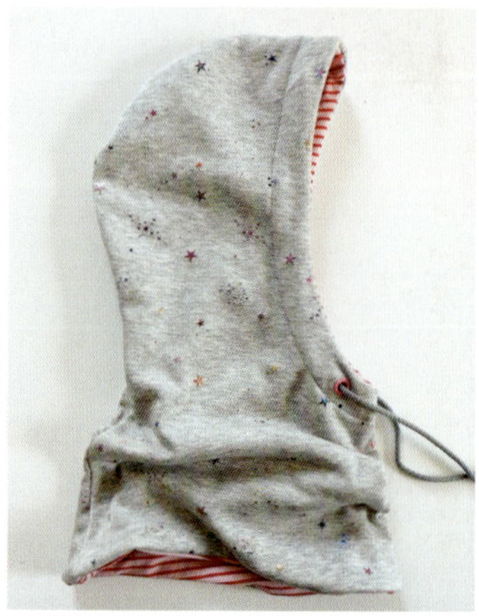

Mein Tipp für Sie

Cooler Look Für ein Herrenmodell der Kapuzenmütze verwenden Sie einfach Stoffe in anderen Farben oder mit Strukturierung.

Inkamütze

kuschelig warm

1 Außenmütze und Innenmütze jeweils separat nähen. Dazu jeweils das zugeschnittene Mützenteil r-a-r zusammenlegen und die hintere und vordere Mittelnaht schließen, dabei in der Naht der Innenmütze eine Wendeöffnung lassen. Die Naht im Stoffbruch auslaufen lassen. Je sanfter die Rundung am Bruch ausläuft, desto schöner fällt nachher die Mütze.

2 Die Mütze r-a-r flach hinlegen, sodass die beiden Mittelnähte aufeinanderliegen. Die oberen Kanten der Mütze feststecken und zusammennähen, auch hier die Naht im Stoffbruch auslaufen lassen.

3 Die beiden Mützenteile r-a-r ineinanderziehen und den unteren Rand rundherum zusammennähen. Dabei treffen die Nähte der hinteren Mitte aufeinander.

4 Die Mütze durch die Öffnung auf rechts wenden und die untere Naht sauber ausbügeln. Die Innenmütze in die Außenmütze stecken. Auf Wunsch die Unterkante noch einmal von rechts absteppen. Beim Steppen die Kante der Innenmütze leicht herausblitzen lassen, um die Optik eines feinen Paspelbandes zu erzielen.

Mein Tipp für Sie

Schmuckdetails Optional zur Verzierung der Mütze noch eine oder mehrere Bommeln aus Stoffstreifen oder Wolle (siehe Seite 42/43) oder ein Streifenbüschel (siehe Seite 41) herstellen und annähen.

Mein Tipp für Sie

Schlicht für Ihn Für ein Herrenmodell einfach Stoffe in anderen Farben oder mit Strukturierung verwenden und die Verzierungen weglassen oder sachlicher gestalten.

GRÖSSE
Größe 55-65

MATERIAL
- Fleecestoff mit Stickerei, 50 cm x 70 cm (Stoff A)
- einfarbiger Jerseystoff, 50 cm x 70 cm (Stoff B)
- farblich passendes Nähgarn

SCHNITTMUSTERBOGEN 2A

ZUSCHNITT
- je 1x Schnittteil „Mütze" im Stoffbruch aus Stoff A und Stoff B

Dekorative Elemente

Auf den folgenden Seiten finden Sie viele Anregungen und Ideen, wie Sie Ihre Mützen mit individuellen Details ganz nach Ihrem Geschmack verzieren können.

Applikationen

MATERIAL

- Stoffreste
- Applizierfolie
- farblich passendes Nähgarn

SCHNITTMUSTERBOGEN 2A

Hinweis: Mit Applikationen können Sie ganz einfach und auf kreative Weise jede Mütze aufhübschen. Dabei sind Ihren Ideen keine Grenzen gesetzt. Applikationen eignen sich wunderbar, um Stoffreste zu verarbeiten.

1 Ein Stück Applizierfolie in der passenden Größe zuschneiden und mit der gekörnten Seite auf die linke Stoffseite aufbügeln.

2 Das Motiv spiegelverkehrt auf die Applizierfolie aufzeichnen und ausschneiden. Anschließend die Trägerfolie lösen, sodass nun die linke Stoffseite mit einer Klebefläche versehen ist.

3 Das Motiv auf die rechte Stoffseite der Mütze legen, aufbügeln und mit eng eingestellten Zickzackstichen umnähen. Hier wurde unter dem Stern noch ein Kreis nach dem beschriebenen Prinzip aufgenäht. Der Stern selbst ist mit einem Geradstich aufgesteppt, dadurch rollen sich die Stoffkanten nach dem Waschen leicht hoch.

4 Anschließend die Mütze wie beschrieben zusammennähen.

Mein Tipp für Sie

Andere Motive Die Blumenverzierung zu der Patchwork-Minimütze (siehe Seite 5) ist auf dieselbe Weise hergestellt.

Schleifen

MATERIAL

- Stoffreste aus Jersey
- farblich passendes Nähgarn

Hinweis: Schleifen lassen sich ganz einfach selbst herstellen. Da bei Jersey die Kanten nicht ausfransen, ist auch eine Verarbeitung mit offenen Kanten möglich. Bei der abgesteppten Variante wird das Schleifenband etwas fester.

Variante 1

Durchgefärbten Jersey in der Richtung des Fadenlaufs zu einem langen, schmalen Streifen schneiden und direkt zu einer kleinen Schleife binden. Diese von Hand auf die Mütze nähen.

Variante 2

Bedruckten oder durchgefärbten Jersey in Fadenlaufrichtung zu einem langen Streifen schneiden. Den Streifen in Längsrichtung l-a-l hälftig zusammenlegen und knappkantig absteppen. Aus dem schmalen Steppstreifen eine Schleife binden. Von Hand aufnähen.

Streifenbüschel

MATERIAL

- Stoffreste aus Jersey oder Fleece
- farblich passendes Nähgarn

Hinweis: Selbst hergestellte schmale Streifen aus einem oder mehreren Stoffen sehen ebenfalls sehr dekorativ aus. Länge und Breite der Streifen sind nicht vorgegeben, sie können je nach Geschmack zugeschnitten werden.

1 Die schmalen Streifen am besten mit Cutter und Lineal zuschneiden. Dicht nebeneinander legen und das Bündel mit einem weiteren Stoffstreifen verknoten.

2 Das verknotete Bündel von Hand an die Mütze nähen.

Bommeln (Pompons)

MATERIAL

- Wollreste
- farblich passendes Nähgarn

Hinweis: Pompons sind ideal, um Wollreste zu verarbeiten. Man kann sie mithilfe von ausgeschnittenen Pappkreisen herstellen oder einen gekauften Pompon-Maker verwenden, das Ergebnis ist gleich. Hier wird die Anfertigung mit einem Pompon-Maker gezeigt.

1 Auf jeder Seite des Pompon-Makers das lilafarbene Bügelpaar herausklappen und mit Wollgarn umwickeln. Je mehr Garn aufgewickelt wird, desto größer und voluminöser wird die Bommel. Beide Seiten gleich dick umwickeln, dann einklappen.

2 Rundherum jeweils zwischen den Bügeln das aufgewickelte Garn aufschneiden. Ein längeres Stück Wollfaden zweimal zwischen den Bügeln um die aufgeschnittenen Wollfäden wickeln und fest zusammenziehen, um die kurzen Garnstücke zu fixieren. Den Faden mehrmals verknoten.

3 Die beiden Bügelpaare wieder nach außen klappen und die mittlere Steckverbindung lösen, um den fertigen Pompon zu entnehmen. Den Pompon in Form zupfen und wenn notwendig überstehende Wollfäden abschneiden. Von Hand annähen.

Variante

Dasselbe Herstellungsprinzip funktioniert auch mit dünnen Jerseystreifen.

Labels

MATERIAL
- Stoffreste oder fertig gekaufte Labels
- farblich passendes Nähgarn

Hinweis: Labels eignen sich besonders, um Männermützen das gewisse lässige Etwas zu geben. Oder signieren Sie Ihr Werk mit einem selbst gestalteten Etikett. Viele Stickereibetriebe stellen Labels nach Ihren Wünschen professionell her.

1 Für ein selbst hergestelltes Label ein passendes Motiv mit der Nähmaschine sticken, auf Wunsch noch Text hinzufügen.

2 Mit etwas NZG ausschneiden und die Stoffkanten rundum einschlagen. Von Hand oder mit der Maschine annähen.

Mein Tipp für Sie

Aus dem Nähladen Ein fertig gekauftes Etikett bei Bedarf ebenfalls an den offenen Kanten einschlagen und annähen.

Paspelband

MATERIAL

- Stoffreste aus Jersey
- farblich passendes Nähgarn

Hinweis: Mit Paspelbändern lassen sich tolle Akzente setzen. Es gibt sie fertig zu kaufen oder man kann sie selbst herstellen. Wichtig ist bei den Mützen, dass die Bänder elastisch sind, denn die meisten Mützen sollen ja dehnbar bleiben.

1 Für ein selbst hergestelltes Paspelband 2,75 cm breite Jerseystreifen quer zum Fadenlauf zuschneiden und hälftig einbügeln, sodass die rechten Seiten außen liegen. Wenn das Band dann mit 1 cm Nahtzugabe aufgenäht wird, bleiben 0,3 cm stehen.

2 Das Paspelband rechts auf rechts auf die Kante des Mützenteils aufnähen, am besten mit einem Reißverschlussfuß. Dazu die Nadelposition ganz nach links stellen, sodass man mit dem Nähfuß eng am Rand der Paspel entlangnähen kann. Die offenen Stoffkanten liegen zur Stoffkante des Mützenteils hin.

3 Anschließend das Gegenstück des Schnittteils rechts auf rechts aufnähen. Dabei die Stofflagen am besten so in die Maschine einlegen, dass die gerade genähte Naht sichtbar oben liegt. Nun exakt auf dieser Naht entlang noch einmal abnähen. Damit wird das Paspelband sauber eingefasst.

Mein Tipp für Sie

Feiner Spitzenrand Nach dem gleichen Prinzip wird auch eine Spitzenkante in eine Naht eingefasst.

Gemusterte Bänder

MATERIAL

- elastisches gemustertes Band, Länge entsprechend dem Kopfumfang
- farblich passendes Nähgarn

Hinweis: Farbige Bänder bieten eine Fülle schöner Gestaltungsmöglichkeiten. Wichtig ist, dass das aufgenähte Band elastisch ist, damit die Mütze dehnbar bleibt. Das Band kann z. B. rundum oberhalb des Saumes aufgenäht werden oder um den Mützenrand gesteppt als Label dienen.

1 Die Länge des Bandes entsprechend dem Mützenumfang abmessen und das Band in der gewünschten Höhe auf die Mütze stecken. Beide Ränder des Bandes rundherum knappkantig mit einem elastischen Geradstich absteppen.

2 Soll das Band als Randlabel angenäht werden, zuerst ein Bandende r-a-r wie abgebildet aufnähen. Dann das freie Ende nach innen einschlagen und von außen noch einmal absteppen.

Variante

Ebenso hübsch sieht es aus, wenn man ein Labelband aus einem anderen Jerseystoff zuschneidet. Dazu einen Stoffstreifen zuschneiden, beide Längskanten einbügeln und absteppen. Wie links beschrieben annähen.

Mein Tipp für Sie

Freie Auswahl Im Handel gibt es viele tolle Materialien (z. B. veganes Leder), die sich für Randlabels eignen. Auf den Labels kann man zusätzlich Knöpfe, Nieten, Ösen und vieles mehr anbringen – der Kreativität sind hier keine Grenzen gesetzt.

Blume

(Abbildung siehe auch Seite 1)

MATERIAL
- Stoffreste aus durchgefärbtem einfarbigem Jersey in 2 Farben (Stoff A und Stoff B)
- farblich passendes Nähgarn
- Knopf, ø 2 cm

SCHNITTMUSTERBOGEN 1A

ZUSCHNITT
- je 5x Schnittteil „Blütenblatt" aus Stoff A und Stoff B

Hinweis: Sehr dekorativ für Mädchenmützen ist eine Blume. Man kann sie mit doppellagigen oder auch einfachen Blütenblättern nähen. Wichtig ist nur, dass der Stoff durchgefärbt ist, denn später sind Teile der linken Stoffseite zu sehen.

1 Die zugeschnittenen Blütenblätter aus Stoff A und Stoff B jeweils bündig übereinanderlegen, sodass bei beiden Stoffen die rechte Seite oben liegt.

2 Die Platzierung am besten vorher direkt auf der Mütze festlegen. Das erste Blütenblatt aus zwei Stofflagen mit einigen Geradstichen auf die Mütze nähen. Nacheinander die weiteren Blütenblätter versetzt aufsteppen, sodass eine Blume entsteht. Dabei darauf achten, dass die Blätter etwas überlappen und die Mitte geschlossen wird.

4 Zum Abschluss den Knopf in die Blütenmitte nähen.

Plottermotive

Speziell für dieses Buch haben wir Motive zum Plotten auf Textilfolie entworfen. Sie finden diese zum Download in der TOPP Digitalen Bibliothek (siehe Seite 48).

1 Das Motiv wird mit Hilfe eines Hobbyplotters spiegelverkehrt ausgedruckt, d. h., es wird aus einer Folie spiegelverkehrt ausgeschnitten. Anschließend müssen alle Teile, die nicht zum Motiv gehören, entfernt werden.

2 Mit Hilfe eines Bügeleisens oder einer Transferpresse wird das Motiv nur punktuell auf die Mütze aufgebügelt.

3 Anschließend ist es wichtig, dass das Motiv erkaltet bzw. der Kleber seine Festigkeit erreicht. Erst dann sollte die Trägerfolie abgezogen werden.

Hinweis: Bitte die Herstelleranleitung beachten.

SKATE
SKATE
Stars

Ilka Meis, gelernte bekleidungstechnische Assistentin, Industrieschneiderin und Betriebswirtin, arbeitete jahrelang in der Bekleidungsindustrie im Vertrieb und Marketing. Nach der Geburt ihrer Tochter gründete sie das Label Zierstoff. Ihr Credo lautet: „Jeder kann Nähen lernen".
Nach und nach erweiterte sich das Team um Ela, gelernte Damenschneiderin und Schnittdirektrice. Silvia ist die gute Seele im Team und stieß dazu, als die ersten Stoffe verkauft wurden. Die gelernte Grafikerin Britta ist das jüngste Teammitglied und für den Social-Media-Bereich verantwortlich. Alle im Team sind nähverrückt und verbringen sehr viel Zeit mit dem Testnähen der Schnitte und dem Erstellen der E-Books. Dadurch ist gewährleistet, dass alle Schnitte von unterschiedlichen Personen genäht und bewertet wurden, bevor sie zum Verkauf auf www.zierstoff.de angeboten werden.

TOPP – Unsere Servicegarantie

WIR SIND FÜR SIE DA! Bei Fragen zu unserem umfangreichen Programm oder Anregungen freuen wir uns über Ihren Anruf oder Ihre Post. Loben Sie uns, aber scheuen Sie sich auch nicht, Ihre Kritik mitzuteilen – sie hilft uns, ständig besser zu werden.

Bei Fragen zu einzelnen Materialien oder Techniken wenden Sie sich bitte an unseren Kreativservice, Frau Erika Noll.
mail@kreativ-service.info
Telefon 0 50 52 / 91 18 58

Das Produktmanagement erreichen Sie unter:
pm@frechverlag.de
oder:
frechverlag
Produktmanagement
Turbinenstraße 7
70499 Stuttgart
Telefon 07 11 / 8 30 86 68

LERNEN SIE UNS BESSER KENNEN! Fragen Sie Ihren Hobbyfach- oder Buchhändler nach unserem kostenlosen Magazin **Meine kreative Welt**. Darin entdecken Sie dreimal im Jahr die neuesten Kreativtrends und interessantesten Buchneuheiten.

Oder besuchen Sie uns im Internet! Unter **www.topp-kreativ.de** können Sie sich über unser umfangreiches Buchprogramm informieren, unsere Autoren kennenlernen sowie aktuelle Highlights und neue Kreativtechniken entdecken, kurz – die ganze Welt der Kreativität.

Kreativ immer up to date sind Sie mit unserem monatlichen **Newsletter**. Für aktuelle Infos, Gratis-Anleitungen und Gewinnspiele gleich anmelden unter **www.TOPP-kreativ.de/Newsletter**

IMPRESSUM

DER FREISCHALT-CODE FÜR DIE PLOTTERMOTIVE LAUTET: 15222
FOTOS: frechverlag GmbH, 70499 Stuttgart; lichtpunkt, Michael Ruder, Stuttgart
PRODUKTMANAGEMENT: Claudia Mack
LEKTORAT: Marianne Rudolph, Vaihingen/Enz
PLOTTERMOTIVE: Miriam Dornemann, Bad Grönenbach
GESTALTUNG: Petra Theilfarth
DRUCK: POLYGRAF PRINT spol. s r.o.

4. Auflage 2018

ISBN 978-3-7724-6994-7 • Best.-Nr. 6994